上海市交通运输行业协会团体标准

市域铁路信号系统技术规范

Technical code for signal system of suburban railways

T/SHJX 049—2022

主编单位：中铁上海设计院集团有限公司
批准部门：上海市交通运输行业协会
施行日期：2022年12月8日

同济大学出版社

2023　上海

图书在版编目(CIP)数据

市域铁路信号系统技术规范/中铁上海设计院集团有限公司主编. —上海：同济大学出版社，2023.2
ISBN 978-7-5765-0794-2

Ⅰ.①市… Ⅱ.①中… Ⅲ.①城市铁路－铁路信号－信号系统－技术规范－上海 Ⅳ.①U239.5-65

中国国家版本馆 CIP 数据核字(2023)第 029549 号

市域铁路信号系统技术规范
中铁上海设计院集团有限公司　主编

责任编辑　朱　勇
责任校对　徐春莲
封面设计　陈益平

出版发行	同济大学出版社　www.tongjipress.com.cn	
	(地址：上海市四平路1239号　邮编：200092　电话：021-65985622)	
经　　销	全国各地新华书店	
印　　刷	苏州市古得堡数码印刷有限公司	
开　　本	889mm×1194mm　1/32	
印　　张	2	
字　　数	54 000	
版　　次	2023年2月第1版	
印　　次	2023年2月第1次印刷	
书　　号	ISBN 978-7-5765-0794-2	
定　　价	25.00元	

本书若有印装质量问题，请向本社发行部调换　　版权所有　侵权必究

上海市交通运输行业协会

沪交协〔2022〕第 79 号

上海市交通运输行业协会
关于发布《市域铁路信号系统技术规范》团体标准的通知

经上海市交通运输行业协会第八届理事会第十二次秘书处办公室会议专题研究并批准,同意自 2022 年 12 月 8 日起发布和实施《市域铁路信号系统技术规范》团体标准。发布编号:T/SHJX 049—2022。

特此予以发布。

上海市交通运输行业协会
2022 年 12 月 10 日

前 言

根据上海市交通运输行业协会市域铁路分会《关于发布〈2021年上海市城铁路规范标准编写计划〉的通知》（沪交协域铁（2021）第2号）的要求，中铁上海设计院集团有限公司会同有关单位进行了广泛的调查研究，认真总结实践经验，参照国内外相关标准和规范，并在反复征求意见的基础上，制定本规范。

本规范的主要内容包括：总则；规范性引用文件；术语和缩略语；总体要求；通用技术要求；CTCS2＋ATO专用技术要求；CBTC专用技术要求；车载兼容技术要求；地面兼容技术要求；附录A～C。

本规范由上海市交通运输行业协会市域铁路分会负责管理，由中铁上海设计院集团有限公司负责具体技术内容的解释。各单位及人员在执行本规范过程中，如发现需要修改和补充之处，请将有关意见、建议和资料及时反馈至中铁上海设计院集团有限公司（地址：上海市静安区共和新路1265号；邮编：200070；E-mail：zhaobo@sty.sh.cn），以供今后修订时参考。

本规范按照《标准化工作导则 第1部分：标准化文件的结构和起草规则》GB/T 1.1—2020规则编制。请注意本规范的某些内容可能涉及专利，本规范的发布机构不承担识别专利的责任。

授权委托单位：上海市交通运输行业协会市域铁路分会
主 编 单 位：中铁上海设计院集团有限公司
参 编 单 位：上海市城市建设设计研究总院(集团)有限公司
同济大学
卡斯柯信号有限公司
上海电气泰雷兹交通自动化系统有限公司

主要编制人: 刘建红　刘智平　汪小勇　何利英　欧冬秀
　　　　　　　孙来平　刘　洋　赵　博　张　雷　刘华祥
　　　　　　　刘明霞
参与编制人: 刘　建　高　翔　金建飞　沈　拓　叶一彪
　　　　　　　韦涵君　陈佳飞　罗志刚　王培林　高博文
　　　　　　　纪玉清　吴海明　张金龙　陈春辉　孟寒松
　　　　　　　陈恒宇　张昱敏　魏秀颖　王冬海　吴　翔
　　　　　　　周公建　陈　亮
主要审查人: 陈茂华　朱　宏　李　涛　王　强　李文涛
　　　　　　　韩　兵　杨　俐　徐敢锋　朱　翔　洪海珠
　　　　　　　武长海　张敏慧

目 次

1 总 则 ··· 1
2 规范性引用文件 ··· 2
3 术语和缩略语 ·· 5
　3.1 术 语 ·· 5
　3.2 缩略语 ·· 7
4 总体要求 ·· 9
　4.1 基本要求 ·· 9
　4.2 总体功能要求 ··· 10
5 通用技术要求 ··· 12
　5.1 系统性能参数 ··· 12
　5.2 RAMS 要求 ·· 12
　5.3 信息网络安全 ··· 13
　5.4 防雷接地及电磁兼容 ·· 14
　5.5 环境适应性 ·· 14
　5.6 供电要求 ··· 15
　5.7 接口要求 ··· 15
6 CTCS2＋ATO 专用技术要求 ·································· 18
　6.1 系统构成 ··· 18
　6.2 列车运行调度指挥 ··· 18
　6.3 列车运行控制 ··· 20
7 CBTC 专用技术要求 ·· 22
　7.1 系统构成与功能 ·· 22
　7.2 列车运行调度指挥 ··· 23
　7.3 列车运行控制 ··· 24

| 8 | 车载兼容技术要求 | 27 |
| 9 | 地面兼容技术要求 | 28 |

附录 A 典型市域铁路信号系统结构图 …………… 30
附录 B 系统兼容混合运营典型场景 ……………… 34
附录 C 故障及应急运营典型场景 ………………… 42
本规范用词说明 ………………………………………… 45
条文说明 ………………………………………………… 47

1 总　则

1.0.1 针对市域铁路信号系统制式多样性的特点和不同信号系统制式线路间存在列车跨线运行的需求，结合既有信号系统与市域铁路功能定位和运营特征的适应性，制定本规范。

1.0.2 本规范规定了市域铁路信号系统的总体要求、通用技术要求、CTCS2＋ATO专用技术要求、CBTC专用技术要求以及系统兼容技术要求等。

1.0.3 本规范适用于设计速度为100 km/h～160 km/h的市域铁路的新建、更新改造及扩建线路的建设，用于指导信号系统的工程设计、系统研发、工程建设以及运营维护。

2 规范性引用文件

对相关规范性文件的引用是必不可少的。凡是注日期的引用文件,仅注日期的版本适用于本文件。凡是不注日期的引用文件,其最新版本(包括所有的修改单)适用于本文件。

GB/T 22239 信息安全技术 网络安全等级保护基本要求

GB/T 24338.4 轨道交通 电磁兼容 第3-2部分:机车车辆设备

GB/T 24338.5 轨道交通 电磁兼容 第4部分:信号和通信设备的发射与抗扰度

GB/T 25058 信息安全技术 网络安全等级保护实施指南

GB/T 25119 轨道交通 机车车辆电子装置

GB/T 32347.2 轨道交通 设备环境条件 第2部分:地面电气设备

GB/T 32347.3 轨道交通 设备环境条件 第3部分:信号和通信设备

GB 50157 地铁设计规范

TB/T 1448 铁路通信信号产品的绝缘耐压

TB/T 1528 铁路信号电源系统设备

TB/T 2846 铁路地面信号产品振动试验方法

TB/T 3027 铁路车站计算机联锁技术条件

TB/T 3074 铁路信号设备雷电电磁脉冲防护技术条件

TB/T 3324 铁路数字移动通信系统(GSM-R)总体技术要求

TB/T 3498 铁路通信信号设备雷击试验方法

TB/T 3516 CTCS-2级列控系统总体技术要求

TB 10007　铁路信号设计规范

TB 10623　城际铁路设计规范

TB 10624　市域(郊)铁路设计规范

TB 10180　铁路防雷及接地工程技术规范

TJ/DW 149　城际铁路 CTCS-2＋ATO 列控系统暂行总体技术方案

TJ/DW 202　高速铁路 ATO 系统总体暂行技术规范

TJ/DW 220　高速铁路 ATO 系统列控中心相关功能及接口暂行技术条件

TJ/DW 219　高速铁路 ATO 系统临时限速服务器相关功能及接口暂行技术条件

TJ/DW 221　高速铁路 ATO 系统应答器设置及应用暂行技术条件

T/SHJX 002　上海市域铁路设计规范(试行)

Q/CR 442　铁路信号集中监测系统技术条件

Q/CR 518　调度集中系统技术条件

T/CAMET 04005.1　城市轨道交通车地综合通信系统(LTE-M)总体规范 第1部分：系统需求

T/CAMET 04010　城市轨道交通基于通信的列车运行控制系统(CBTC)互联互通系统规范

T_CAMET 04011.7　城市轨道交通基于通信的列车运行控制系统(CBTC)互联互通接口规范　第7部分—信号各子系统与维护支持子系统(MSS)间接口

T/CAMET 04018.1　城市轨道交通 CBTC 信号系统规范 第1部分：ATP 子系统

T/CAMET 04018.2　城市轨道交通 CBTC 信号系统规范 第2部分：ATO 子系统

T/CAMET 04018.3　城市轨道交通 CBTC 信号系统规范 第3部分：ATS 子系统

T/CAMET 04018.4 城市轨道交通 CBTC 信号系统规范 第4部分:CI子系统

T/CAMET 04018.5 城市轨道交通 CBTC 信号系统规范 第5部分:基于 WLAN 的 DCS 子系统

交办运〔2022〕1号 城市轨道交通信号系统运营技术规范(试行)

3 术语和缩略语

3.1 术 语

3.1.1 市域铁路 suburban railway

为都市圈中心城市城区连接周边城镇组团及其城镇组团之间提供公交化、大运量、快速便捷的轨道交通系统,是城市综合交通体系的重要组成部分。

3.1.2 基于通信的列车控制 communication based train control

通过不依赖轨旁列车占用检测设备的列车主动定位技术,连续车—地双向数据通信技术以及能够执行安全功能的车载和地面处理器而构建的连续式列车自动控制系统。

3.1.3 中国列车运行控制系统 Chinese train control system

保证列车安全运行,并以分级形式满足不同线路运输需求的列车运行控制系统的总称。

3.1.4 中国列车运行控制系统2级 CTCS level 2(CTCS-2)

基于轨道电路和点式应答器传输信息的中国列车运行控制系统。

3.1.5 自动化等级 grade of automation

根据运营工作人员和系统所承担的列车运行基本功能的责任划分确定的列车运行的自动化分级。

3.1.6 列车自动控制 automatic train control

信号系统自动实现列车监控、安全防护和运行控制等技术的总称。

3.1.7 列车自动防护 automatic train protection

自动实现列车运行间隔、超速防护、进路安全和车门等监控技术的总称。

3.1.8 列车自动运行 automatic train operation

自动实现列车加速、调速、停车和车门开闭、提示等控制技术的总称。

3.1.9 计算机联锁 computer interlocking

以计算机技术为核心，自动实现进路、道岔、信号机等防护技术的总称。

3.1.10 调度集中系统 centralized traffic control system

实现列车运行调度的计算机集中控制与指挥系统。

3.1.11 互联互通 interoperability

装备不同信号厂家车载设备的列车可以在装备不同信号厂家轨旁设备的一条轨道交通线路内或多条轨道交通线路上无缝互通安全可靠运营。

3.1.12 跨线运行 cross-line operation

运营列车在两条或两条以上制式相同或兼容的线路中，由一条线路进入另外一条线路进行共线运行的方式。

3.1.13 共管区 area of common jurisdiction

为实现列车在两种不同系统制式线路上跨线运营，在两种不同制式线路的轨旁设置的信号重叠区域。在该区域内同时设置两种不同系统制式的信号地面设备。

3.1.14 车载兼容 compatible with on-board equipment

车载设备在具有不同轨旁信号制式的线路上运行，并能根据轨旁不同的信号制式实现车载制式的自适应转换。

3.1.15 地面兼容 compatible with ground equipment

全线或部分区域的轨旁设置支持不同信号制式的设备，装备不同制式车载设备的列车可同时在该线路范围内运行。

3.2 缩略语

AM	Automatic Mode	自动驾驶模式
ATC	Automatic Train Control	列车自动控制
ATO	Automatic Train Operation	列车自动运行
ATP	Automatic Train Protection	列车自动防护
ATS	Automatic Train Supervision	列车自动监控
CBTC	Communication Based Train Control	基于通信的列车控制系统
CI	Computer Interlocking	计算机联锁
CM	Coded Train Operating Mode	列车自动防护模式
CTC	Centralized Traffic Control System	调度集中控制系统
CTCS	Chinese Train Control System	中国列车运行控制系统
CTCS-2	Chinese Train Control System level2	中国列车运行控制系统2级
DSU	Data Storage Unit	数据存储单元
EB	Emergency Braking	紧急制动
EOA	End of Movement Authority	行车许可终点
EUM	Emergency Unrestricted Train Operating Mode	非限制人工驾驶模式
GoA	Grade of Automation	自动化等级
LTE	Long Term Evolution	长期演进技术
LTE-M	Long Term Evolution-Metro	地铁长期演进技术
LEU	Lineside Electronic Unit	轨旁电子单元
MTBF	Mean Time Between Failure	平均故障间隔时间
MTTR	Mean Time To Repair	平均修复时间

RAMS	Reliability, Availability, Maintainability, Safety	可靠性、可用性、可维护性、安全性
RM	Restricted Train Operating Mode	限制人工驾驶模式
SIL	Safety Integrity Level	安全完整性等级
TCC	Train Control Center	列控中心
ZC	Zone Controller	区域控制器

4 总体要求

4.1 基本要求

4.1.1 信号系统必须是安全、可靠、功能完整和技术成熟的系统,并预留升级条件。

4.1.2 信号系统应满足单线和多线的大小交路混合运行、快慢车混合运行,以及不同编组和不同性能参数的列车公交化运营要求。

4.1.3 市域铁路网内部具备互联互通跨线运营要求时,信号系统宜采用同一系统制式。

4.1.4 市域铁路与国家铁路存在跨线运营要求时,信号系统宜采用CTCS-2制式。

4.1.5 市域铁路与城际铁路或城市轨道交通存在跨线运营要求时,信号系统宜采用与城际铁路或城市轨道交通同一系统制式。当系统制式不一致时,可采用车载兼容或地面兼容方式实现跨线运营需求,具体运营场景详见本规范附录B。

4.1.6 涉及行车安全的信号系统及电路设计必须符合"故障—安全"原则。

4.1.7 信号系统应满足自动运行等级GoA2级及以上水平的运营要求。

4.1.8 信号系统应优先采用具有统一规范标准的CTCS制式或ATC制式。当选用CTCS制式时,宜采用CTCS2+ATO列控系统;当选用ATC制式时,宜采用互联互通CBTC列控系统。

4.1.9 采用CTCS2+ATO列控系统,应满足不小于20对/h运输能力的最小行车间隔要求;采用CBTC列控系统,应满足不小于 24 对/h 运输能力的最小行车间隔要求。

4.1.10 信号系统正线应满足双线、双向运行要求,正向应按追踪运行,反向运行宜采用自动站间闭塞;采用 CTCS2+ATO 列控系统的出入线宜采用双线、双向自动闭塞;CBTC 列控系统反向运行应具备 ATP 功能。

4.1.11 当 CTCS2+ATO 线路和 CBTC 线路要实现互联互通跨线运行,采用车载兼容时,列车在区间宜采用不停车转换,在站内宜采用停车手动/自动转换;采用地面兼容时,应设置 CTCS2+ATO 和 CBTC 系统共管区域,该区域地面轨旁信号设备应满足 CTCS2+ATO 与 CBTC 两种列车混合运行要求。

4.2 总体功能要求

4.2.1 信号系统应具备列车运行自动调整、站前(原地)及站后自动折返功能,折返能力应与行车能力相匹配。

4.2.2 信号系统应具备站台范围精确停车、站台门与车门联动、与站台紧急关闭按钮联动等功能。

4.2.3 信号系统地面及车载设备应采用统一的时间信息。

4.2.4 信号系统应采用对应制式的自动及人工驾驶模式。

4.2.5 信号系统中的列车运行调度指挥、列车运行控制、联锁、电源等设备应采用冗余技术,涉及行车安全的核心设备应采用冗余配置,且应具备较强的抗干扰能力及故障恢复能力。

4.2.6 列车运行调度指挥系统宜采用中心和车站二级系统架构,具备对市域铁路全线网列车调度指挥和管理,通过联锁、列控等信号设备实现集中控制,同时应具备分散自律控制和非常站控两种模式功能。

4.2.7 列车运行控制系统应具备列车运行安全防护、自动驾驶、故障降级模式等功能。

4.2.8 联锁系统应具备对所管辖车站范围内的信号机、道岔和进路的安全管理，宜采用全电子的接口方式，联锁控制逻辑应满足相应信号系统制式的规则要求。

4.2.9 信号集中监测系统应直接采集不具备自监测功能的信号设备及其结合部的模拟量和开关量信息，同时能够与具备自监测功能的信号设备接口，获取设备监测信息。应具备良好的隔离措施，不得影响被监测信号设备正常工作。

4.2.10 数据传输网络应包括有线网络和无线网络，为各信号子系统内部、信号子系统间信息交互提供传输通道。具备列车跨线运营的线路之间的数据传输网络互联互通功能，并预留其他线路接入条件。

4.2.11 列车车载设备应能适应不同移动通信系统，满足车地信息传输、避免无线干扰的基本要求。

4.2.12 信号系统所包括的列车运行调度指挥、列车运行控制、车站联锁、数据通信网络、信号集中监测、信号电源设备、光电缆线路和防雷接地等技术要求均应按照现行国家或行业相关技术规范执行。

5 通用技术要求

5.1 系统性能参数

5.1.1 信号系统的系统容量宜按远期线路规模、最大在线列车数设计,并留有一定余量。

5.1.2 列车运行调度指挥系统应具有良好的实时性。其现场信息采集及处理周期应小于 2 s。实时控制、各工作站及显示终端等的操作响应时间应不大于 2 s。

5.1.3 停车定位精度要求

1 停车控制过程应满足舒适度、快捷性和停车精度的要求。列车减速度的变化率宜不大于 0.75 m/s³,站台定点停车精度宜为±0.3 m,不应超过±0.5 m,ATO 停车精度要求达到±0.3 m 的概率不低于 99.99%。

2 车载设备的测速分辨率不大于 1 km/h;测速误差不大于 2%;在车站范围内定点停车的位置最大测量误差不大于 0.5 m;在区间运行时,列车位置最大测量误差不大于 10 m;在折返停车时,列车位置最大测量误差不大于 1 m。

5.1.4 自动折返间隔应不大于 3 min,CTCS2+ATO 制式的车载设备换端时间应不大于 20 s。

5.2 RAMS 要求

5.2.1 信号系统可靠性指标要求

1 列车运行调度指挥系统设备的平均故障间隔时间(MTBF)不小于 1×10^5 h。

  2 地面设备平均故障间隔时间（MTBF）不小于 1×10^5 h。
  3 车载设备平均故障间隔时间（MTBF）不小于 1×10^5 h。
  4 联锁设备的平均故障间隔时间（MTBF）不小于 1×10^5 h。
  5 地面有线网络设备平均故障间隔时间（MTBF）不小于 1×10^5 h。
  6 车地移动通信设备平均故障间隔时间（MTBF）不小于 2×10^4 h。
  7 电源设备的平均故障间隔时间（MTBF）不小于 1×10^5 h。
5.2.2 信号系统可维护性指标要求
  1 车载设备的平均故障修复时间（MTTR）不大于 30 min。
  2 中心设备的平均故障修复时间（MTTR）不大于 45 min。
  3 车站设备的平均故障修复时间（MTTR）不大于 45 min。
  4 轨旁设备的平均故障修复时间（MTTR）不大于 4 h。
  5 车地通信设备的平均故障修复时间（MTTR）不大于 30 min。
5.2.3 信号系统的可用性指标不小于 99.98%。
5.2.4 信号系统安全性指标要求：涉及行车安全的信号子系统、车载 ATP 设备安全完整性等级应达到 SIL4 级。

5.3 信息网络安全

5.3.1 信号系统的信息网络安全应符合《信息安全技术　网络安全等级保护实施指南》GB/T 25058 和《信息安全技术　网络安全等级保护基本要求》GB/T 22239 的有关规定，列车运行调度指挥和列车运行控制系统网络安全等级保护不低于第三级安全要求。
5.3.2 信号系统的信息网络安全应由物理和环境安全、边界安全、网络通信安全、终端安全、应用安全等多个维度的安全能力组成，各种安全能力能通过统一协调管理建立安全关联，构建高可靠的安全防护体系。

5.3.3 信号系统的信息网络安全应从技术和管理两个方面,建立安全防护体系,保证应用系统可用性,确保数据的完整性和保密性,确保信号系统业务安全。

5.3.4 信号系统相关安全域与外部信息系统的安全域边界应部署边界隔离设备/功能。

5.3.5 信号系统宜建立统一的安全管理中心,掌控全网区域边界和关键应用系统的安全态势。

5.3.6 信号系统的信息网络安全设备的软、硬件升级更新前,应完成兼容性测试和稳定运行验证,确保检验升级包的完整性和来源可靠性,并有回退方案。

5.4 防雷接地及电磁兼容

5.4.1 信号系统的雷电防护应满足《铁路信号设备雷电电磁脉冲防护技术条件》TB/T 3074 和《铁路通信信号设备雷击试验方法》TB/T 3498 的规定。

5.4.2 信号系统的接地应满足《铁路防雷及接地工程技术规范》TB 10180—2016 的规定。

5.4.3 在信号系统适用环境下,系统绝缘耐压应满足《铁路通信信号产品的绝缘耐压》TB/T 1448 的规定。

5.4.4 在信号系统适用环境下,系统设备绝缘电阻不小于 25 MΩ。

5.4.5 信号系统的电磁兼容性能应满足《轨道交通 电磁兼容 第 3-2 部分:机车车辆 设备》GB/T 24338.4 和《轨道交通 电磁兼容 第 4 部分:信号和通信设备的发射与抗扰度》GB/T 24338.5 的规定。

5.5 环境适应性

5.5.1 周围无腐蚀和无引起爆炸危险的有害气体及导电尘埃。

5.5.2 室内设备工作环境
1 工作温度:0 ℃～+40 ℃。
2 相对湿度:5%～90%(室温+25 ℃)。
3 大气压力:70 kPa～106 kPa(相当于海拔不超过 3 000 m)。

5.5.3 室外设备工作环境
1 工作温度:-40 ℃～+70 ℃。
2 相对湿度:10%～95%(室温+25 ℃)。
3 大气压力:70 kPa～106 kPa(相当于海拔不超过 3 000 m)。

5.5.4 车载设备工作环境
1 工作温度:-25 ℃～+55 ℃(车内设备)。
　　　　　-40 ℃～+70 ℃(车外设备)。
2 大气压力:70 kPa～106 kPa(相当于海拔不超过 3 000 m)。

5.6 供电要求

5.6.1 信号电源系统设备应符合《铁路信号电源系统设备》TB/T 1528 的有关规定。

5.6.2 信号系统地面设备的供电属于一级负荷,电源系统应采用双总线架构,并冗余配备不间断电源,不间断电源供电时间不少于 30 min。

5.6.3 信号系统车载设备工作电源应通过列车供电获取。

5.7 接口要求

5.7.1 信号系统与车辆应采用继电或网络接口进行信息交互,获取列车运用信息,输出列车控制信息。

5.7.2 信号系统与低压配电系统应采用硬线接口,低压配电系统为信号系统提供一级负荷,两路独立电源,三相交流 380 V(±5%),50 Hz。

5.7.3 信号系统与通信传输系统应采用网络接口,信号系统可利用通信系统提供的所需传输通道。

5.7.4 信号系统与通信时钟系统应采用网络接口进行信息交互,获取时间信息。

5.7.5 信号系统与移动通信系统应采用网络接口,移动通信系统为列车车地通信提供传输通道。

5.7.6 信号系统与综合监控系统可采用网络接口进行信息交互,提供列车调整信息和轨旁信号设备状态,并获取火警信息、事故风机信息和接触网供电信息,实现机电系统报警信息显示,根据需要可实现联动控制。

5.7.7 信号系统与调度中心大屏幕系统应采用网络接口,提供大屏显示信息。

5.7.8 当设有站台紧急关闭按钮时,信号系统与车站综合后备盘(IBP盘)应采用硬线接口,获取站台紧急关闭按钮信息。

5.7.9 信号系统与异物侵限监测系统应采用继电接口,异物侵限监测系统为信号系统提供异物侵限报警信息。

5.7.10 信号系统与地震预警监测系统应采用继电接口,地震预警监测系统为信号系统提供地震报警信息。

5.7.11 信号系统与站台门系统宜采用继电或网络接口进行信息交互,采集站台门门状态信息、互锁解除信号,并输出站台门开/关门信号,实现车门/站台门联动控制功能。

5.7.12 信号系统与防淹门系统可采用继电接口,采集防淹门防护状态信息。

5.7.13 信号系统在调度中心应预留与其他调度中心的接口功能,可通过网络接口与国家铁路、城际铁路、城市轨道交通调度(控制)中心进行信息交互。

5.7.14 信号系统与外部系统的接口宜在调度中心层级完成,有以下主要外部系统接口方式:

  1 信号系统可通过网络接口与旅客服务信息系统交互信

息,提供列车开行计划及列车站台信息推送。

2 信号系统可通过网络接口与供电系统交互信息,供电系统提供供电臂停送电信息、停送电申请和确认命令互签信息。

3 信号系统可通过网络接口与动车组管理信息系统交互信息,提供列车调整信息,获取车辆运用、检修信息。

4 信号系统可通过网络接口与综合维修管理信息系统交互信息,获取施工计划、维修计划信息。

6 CTCS2+ATO 专用技术要求

6.1 系统构成

6.1.1 CTCS2+ATO 系统应包括地面设备和车载设备两部分内容,详见本规范附录 A 中图 A.1。

6.1.2 CTCS2+ATO 地面设备由列控中心(TCC)、临时限速服务器(TSRS)、ZPW-2000 系列轨道电路、应答器和地面电子单元(LEU)以及网络设备等列控系统地面设备和调度集中(CTC)、联锁、信号集中监测等其他地面设备组成。

6.1.3 CTCS2+ATO 车载设备主要由车载主机和车载外围设备组成,并通过车载设备外部接口与车辆、监测设备等外部设备连接。

6.1.4 CTCS2+ATO 车载主机由 ATP 主控单元、ATO 主控单元、应答器信息接收单元、无线传输单元、轨道电路信息读取器、数据记录单元、列车接口单元等组成。

6.1.5 CTCS2+ATO 车载外围设备包括人机界面单元、应答器信息接收天线、无线通信天线、轨道电路信息接收天线、速度传感器等设备。

6.2 列车运行调度指挥

6.2.1 采用 CTCS2+ATO 列控系统的市域铁路,列车运行调度指挥应采用调度集中 CTC 系统。

6.2.2 调度集中 CTC 系统除应符合行业标准的相关规定外,还应具备以下相关主要功能:

1 运输计划的统一编制、管理。
　　2 站台扣车和跳停的灵活设置。
　　3 自动折返(换号、进路办理)。
　　4 降级场景下交路的灵活调整。
　　5 显示站台门状态、区间计划运行时分、列车运行状态信息。
　　6 行车计划信息共享。
　　7 跨专业间的智能联动功能。
　　8 单一编组运行模式或不同编组混合运行模式。

6.2.3 调度集中CTC系统应用于车辆基地时,还应具备以下相关主要功能:
　　1 出入库计划管理。
　　2 出库自动套号和入库自动销号。
　　3 车辆基地内列车进路、调车进路自动办理。
　　4 车辆基地内列车位置跟踪。
　　5 派班计划管理。

6.2.4 调度集中CTC系统负责全网运输计划的编制与管理,宜独立设置用于计划编制的行车调度台。主要技术要求如下:
　　1 具备基本图编制、导入和编辑管理的功能。
　　2 具备多套基本图的管理和存储功能,提供基本图上线转换的人工操作方法。
　　3 具备日班计划编制、停运增开列车和维护管理的功能。
　　4 具备列车固定股道的维护、存储功能,在基本图、日班计划图、运行调整计划图实现固定股道的检查功能。
　　5 日班计划图应基于系统自动采集的列车到发时刻,自动生成实际运行图。
　　6 当具备信息来源时,应在日班计划图界面显示各种施工、限速、封锁、停电标记的功能,并可作为计划有效性检查条件。

6.3 列车运行控制

6.3.1 列车运行控制应采用 CTCS2＋ATO 列控系统并符合行业和国家铁路局有关 CTCS-2 级列控系统有关标准规定的全部功能。ATO 系统应包括自动折返、车站自动发车、区间自动运行、车站自动停车、车门自动开门（防护）、车门/站台门联动控制等功能。

6.3.2 CTCS2＋ATO 列控系统应适应 LTE-M 移动通信系统的相关要求。当市域铁路与干线铁路、城际铁路跨线运营时，市域列车车载设备应能适应不同移动通信系统实现车地信息传输的要求。

6.3.3 CTCS2＋ATO 列控系统应采集站台门、站台紧急关闭按钮等设备状态，并纳入列控系统控制。

6.3.4 CTCS2＋ATO 列控系统应实现与站台紧急关闭按钮的联动功能，具体功能如下：

  1 列控系统采集站台紧急关闭按钮条件，在站台紧急关闭按钮按下时应给列车前方接发车进路区段无条件发 H 码。

  2 列车发车时，车尾未越过出站信号机时按下站台紧急关闭按钮，列控系统应能给股道及前方已办理的发车进路区段（覆盖车头所在区段）发 H 码，使列车实施紧急制动。

6.3.5 CTCS2＋ATO 列控系统应能根据调度集中 CTC 系统的运营调整指令实现列车运行的自动调整功能。

6.3.6 CTCS2＋ATO 列控系统实现自动折返功能，应符合以下规定：

  1 实现列车在折返线的精确定位停车，并具备无人自动折返的功能。

  2 根据列车编组情况实现折返间隔最小化。

  3 车载设备具备对端通信功能。

4 在车载设备处于自动驾驶模式时方能进行自动折返作业。

5 车载设备处于自动折返状态时,支持以部分监控模式控制进入自动驾驶模式。

6.3.7 CTCS2+ATO列控系统实现自动折返功能,其他相关设备应符合以下规定:

1 CTC具备向车载ATO设备发送自动折返计划功能。

2 CTC根据车辆编组信息动态排列长短折返进路。

3 TSRS接收CTC的折返计划并发送给相应车载设备。

4 ATP与TSRS无线通信支持LTE-M。

5 折返轨由多段区段组成时,TCC控制折返轨发码方向功能参考股道发码功能。

6.3.8 CTCS2+ATO列控系统车载设备应能正确接收应答器组信息,包括正向运行时分相区反向断电标运行前方范围内根据列车长度、线路允许速度等因素综合确定设置的应答器组。

6.3.9 CTCS2+ATO列控系统车载设备应能适应满足最小安全防护距离及停车要求的股道有效长、站内轨道电路最小长度,并具备可靠接收低频信息码功能。

6.3.10 CTCS2+ATO列控系统车载设备应能满足闭塞分区按照目标距离模式划分后的列车安全运行要求。

7 CBTC 专用技术要求

7.1 系统构成与功能

7.1.1 CBTC 信号系统主要包括 ATS 子系统、ATP 子系统、ATO 子系统、联锁子系统或具备联锁功能的设备、数据通信子系统、维护支持子系统和信号机、转辙机、轨道占用检测等基础设备，详见本规范附录 A 中图 A.2。

7.1.2 CBTC 信号系统地面设备主要包括列车运行调度指挥（ATS）、区域控制器（ZC）、联锁（CI）、线路数据服务器。CBTC 信号系统按地域划分，可分为控制中心设备、车站及场段设备、车载设备和轨旁设备。

7.1.3 CBTC 信号系统控制中心设备主要包括中央级列车运行调度指挥系统（ATS）和线路数据服务器等。

7.1.4 CBTC 信号系统车站及场段设备主要包括 ATS 站机、区域控制器（ZC）和联锁（CI）等。

7.1.5 CBTC 信号系统车载设备主要包括车载 ATP&ATP 主控单元、应答器信息接收单元、无线传输单元、数据记录单元、司机显示单元（DMI）、应答器信息接收天线、无线通信天线、速度传感器和加速度传感器等。

7.1.6 CBTC 信号系统中央 ATS 系统宜按线路级、线网级两级配置，也可直接按线网级配置。

7.1.7 CBTC 信号系统线路数据服务器可按线路选配，使用统一格式管理本线路的电子地图。电子地图数据包括线路数据、轨道区段数据、轨旁设备数据、子系统及安全协议通信数据等。

7.1.8 CBTC 系统应具备相关标准规定的 ATS 子系统、ATP 子系统、ATO子系统、CI子系统、DCS子系统、维护支持子系统和其他设备的功能，以及其他市域铁路信号系统要求的ATS子系统、ATP子系统和ATO子系统功能。

7.1.9 CBTC系统控制区域至少应包括正线、折返线、渡线、存车线、出入线、车辆基地自动化区域及各互联互通线路之间的联络线。

7.1.10 CBTC系统的列车运行控制级别宜统一为连续式列车控制级、点式列车控制级和联锁控制级，并应支持不同列车运行控制级别的列车混合运行。

7.1.11 CBTC系统应支持不同控制级别的列车在市域线网内按运营要求停车或不停车跨线路运营。

7.1.12 CBTC系统中，列车应具有的驾驶模式由高至低分别为AM、CM、RM、EUM，并应支持按运营要求进行驾驶模式人工转换或自动转换。驾驶模式由低等级向高等级转换时，列车宜不停车转换驾驶模式。

7.1.13 列车折返方式应包括ATO无人自动折返模式、ATO有人自动折返模式和ATP监督下的人工折返模式。

7.2 列车运行调度指挥

7.2.1 ATS子系统应具备以下主要功能：

1 列车运行描述应采用列车识别号、列车图标的移动和有关信号设备的状态变化来实时跟踪和显示在线列车的实际运行。

2 ATS子系统应在监视范围内自动跟踪列车的主用位置信息和次级定位信息。

3 ATS子系统依照列车运行图/时刻表和在线列车运行信息自动设置发车进路、自动调整列车停站时间和区间走行时分等，指挥在线列车运行。

4 中心调度员和车站值班员可通过各自的控制工作站实现

列车进路的人工控制。

  5　ATS界面应能实时显示控制区域内轨道线路布局图和车辆基地的线路布局图、轨旁信号设备状态、实时列车运行状态、进路信息、移动授权信息和报警信息等。

  6　ATS应提供人员操作，列车运行状况和设备工作状态的运营记录和统计。

  7　ATS子系统应对各种操作信息、设备运行状态信息及运行数据进行记录和备份，并具有根据记录数据对任何时间、任何信息点进行过程回放的功能。

7.2.2　对同属一个调度管辖区内采用CBTC制式的市域线路，可接入同一个调度指挥中心，宜采用一套列车运行调度指挥系统统一管理不同线路的列车和轨旁信号设备。

7.2.3　如属于不同调度管辖区内采用CBTC制式的市域线路，接入同一个调度指挥中心，列车运行调度指挥系统应具备按调度区划分灵活调整功能。

7.2.4　对同属一个管辖区内采用CBTC制式的市域线路，宜设置一套线网运行图编辑系统，负责统一编制运行图及管理线网行车计划。

7.2.5　对属于不同调度管辖区的市域线路，如有跨线运营需求，应在跨线线路间设置移交边界和移交重叠区，移交、接管线路的ATS设备间应互传移交重叠区内的列车运行调整信息、列车运行监视信息、列车接入站跳停信息和站场显示信息。

7.3　列车运行控制

7.3.1　ATP子系统

  1　ATP子系统应具备以下主要功能：

    1）列车位置检测和监督列车运行速度功能；

    2）自动或手动轮径校准功能；

3) 列车安全间隔防护功能；

4) 列车倒溜和退行防护功能；

5) 列车非预期移动检测及防护功能；

6) 列车完整性丢失检测及防护功能；

7) 列车运行方向的检测和监督，以及列车超速防护控制功能；

8) 当具备连续车地数据通信功能时，具备临时限速防护功能；

9) 车门和站台门的开闭锁闭状态监督和安全防护功能。

2 ATP子系统宜具备根据运行计划动态下载及校核即将进入线路的电子地图的功能。若电子地图下载或校核失败，列车可以降级模式继续进入线路运行。

3 ATP子系统宜不停车转换电子地图，且保证列车平稳运行。

4 ATP子系统应具备生成不同速度下的列车速度—距离控制模式曲线的功能，提供不同速度下列车的安全间隔防护功能。

5 当被救援列车有定位时，ATP子系统可具备不降级联挂被救援列车的功能。

6 车载ATP子系统应具备自动过分相区功能，可根据分相区起点位置、分相区长度和坡度等信息，控制列车以一定速度经过分相区，保证列车在分相区不停车，过分相前应有语音提示。

7 ATP子系统应具备异物侵限防护功能，一旦接收到异物侵限系统的报警信号，可封锁该信号相关的区域，防止列车通过该区域或者确保已经驶入该区域的列车施加紧急制动。

7.3.2 ATO子系统

1 ATO子系统应具备以下主要功能：

1) 在ATP子系统的安全保护下实现列车自动运行控制的功能；

2) 根据列车运行调度指挥系统的运营调整指令实现列车

运行的自动调整功能；

3）实现列车在折返线的精确定位停车，以及无人自动折返的功能；

4）向列车发送开关车门的命令，实现列车自动开关车门的要求；

5）向站台门控制系统发送站台门的开关门命令，实现站台门的自动开关和车门与站台门的联动功能。

  2 ATO子系统应支持线路最高车速的要求和过分相区功能。

  3 ATO子系统应支持不同车型、不同编组列车在不同速度下的列车牵引制动特性，以确保列车平稳运行。

8 车载兼容技术要求

8.0.1 车载兼容系统设备主要由 ATP 主控单元、ATO 主控单元、BTM 应答器信息接收单元、DMI 车载设备人机界面、多模电台、速度传感器、TCR 轨道电路接收单元等组成,具体详见本规范附录 A 中图 A.3;其中 BTM 天线、车载人机界面 DMI、速度传感器宜合设。

8.0.2 当采用车载兼容跨线运营时,可实现区间不停车或车站停车手动/自动系统转换,转换过程不影响线路正常运营。

8.0.3 当采用车载兼容跨线运营时,转换过程中车载系统应给出转换结果和转换失败的报警和提示;区间不停车转换过程中,还应给出转换预告、转换执行的提示。

8.0.4 当采用车载兼容跨线运营时,区间不停车转换过程中,在不具备转换制式的条件下,应保持原有制式继续运行,直到列车在原制式下按常用制动停车;待转换条件具备时,可以在停车情况下人工再次转换。具体详见本规范附录 C.1。

8.0.5 当采用车载兼容跨线运营时,区间不停车转换过程中,宜保证转换前后 ATO 的控车曲线的一致性,满足转换过程列车运行速度的平滑过渡的需求。

8.0.6 当采用车载兼容跨线运营时,区间不停车转换过程中,应保证转换前后列车运行安全,且不产生非正常的紧急制动 EB。

8.0.7 当采用车载兼容在车站进行停车转换时,宜在完成乘客上下、车门和站台门的开关后再进行制式转换。

9 地面兼容技术要求

9.0.1 采用地面兼容跨线运营时,地面兼容系统架构主要由行车调度指挥系统、列控中心、临时限速设备、区域控制器、联锁设备、轨旁设备等组成;详见本规范附录 A 中图 A.4。

9.0.2 采用地面兼容跨线运营时,不同制式线路的接轨区域应设置共管区,共管区内需同时布置满足两种不同制式的信号设备轨旁设备以及移动通信网络。

9.0.3 共管区域的单方向长度应至少满足列车以线路允许速度运行时间(无线通信链接、车载获取有效的移动授权及其他延时之和)所行驶的距离、司机确认时间内走行的距离和采取常用制动停车距离之和。

9.0.4 在线路共管区,列车运行调度指挥系统应可根据信号系统制式为不同列车按照不同管理方式进行进路办理、列车控制及运行调整命令的设置。

9.0.5 在线路共管区,调度指挥系统应根据当前列车车载制式决定列车的管辖权。

9.0.6 对同属一个调度中心管辖区内具有不同制式的市域线路,可接入同一个调度指挥中心,且采用一套列车运行调度指挥系统统一管理不同制式的列车和轨旁信号设备;亦可按照线路的不同制式设置不同的调度中心和列车运行调度系统分别进行管理,不同制式的列车运行调度指挥系统之间通过接口方式实现列车的跨线运营。

9.0.7 在线路共管区相邻的接轨站,可设置一套车站调度分机,按照运营需求纳入某一行车调度台进行控制,其余相关调度台/车站分机(与该接轨站相关)采用站间透明只监不控,所有经过该接轨站的列车在此范围内共线运营,归属该行车调度台统一指挥。

9.0.8 列车运行调度指挥系统宜采用独立的物理双环网架构组网,具备在接轨站与 CTCS 线路和 CBTC 线路的调度系统接入条件。

9.0.9 列车运行调度指挥系统宜具备向跨线列车发送无线进路预告、车次号校核、无线调度命令的功能,以满足跨线列车的运营需求。

9.0.10 列车运行调度指挥系统宜具备向 CBTC 和 CTCS 线路的接轨站发送当天运行计划、阶段计划、调度命令等信息的功能,以满足接轨站的作业需求。

9.0.11 当采用地面兼容跨线运营时,共管区的列控中心(TCC)和区域控制器(ZC)应分开设置,分别实现不同制式下移动授权的计算。

9.0.12 当采用地面兼容跨线运营时,列控中心(TCC)故障,CTCS2+ATO 制式列车采用 CTCS-0 或联锁级作为降级模式;区域控制器(ZC)故障,CBTC 制式列车宜采用联锁级作为降级模式,降级模式下可配置点式 ATP 进行防护;其故障及应急运营典型场景详见本规范附录 C。

9.0.13 当采用地面兼容跨线运营时,共管区的临时限速应由各自的临时限速服务器(TSRS)和线路数据服务器(DSU)管理。

9.0.14 当采用地面兼容跨线运营时,共管区的轨旁应答器宜采用统一的报文格式,以满足车载应答器信息接收单元的需求。同时车载设备亦可通过报文解析区分线路上不同应答器,以判断是否使用读取的应答器报文信息。

9.0.15 当采用地面兼容跨线运营时,共管区相邻的接轨站宜设置一套设备联锁,具备与不同制式线路的调度指挥系统、列控系统接口,实现按照列车所属的调度区接收不同的进路请求和列控设备控制命令。

9.0.16 当采用地面兼容跨线运营时,共管区设置轨旁信号机(如有),信号机的显示方式应与全网保持一致。

附录 A 典型市域铁路信号系统结构图

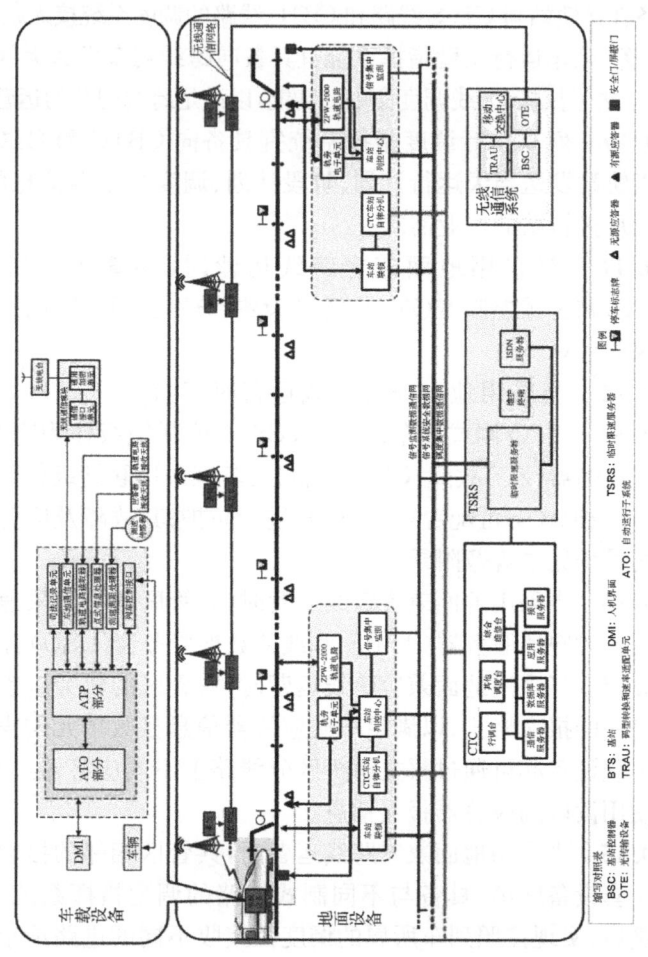

图 A.1 CTCS2+ATO 系统结构图

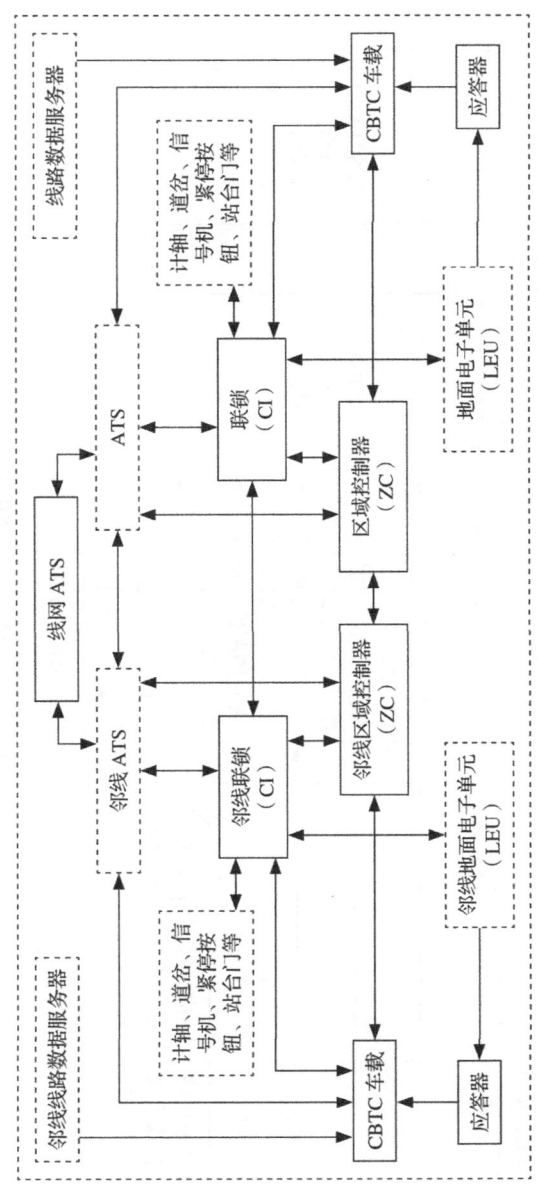

图 A.2 CBTC 系统结构构图

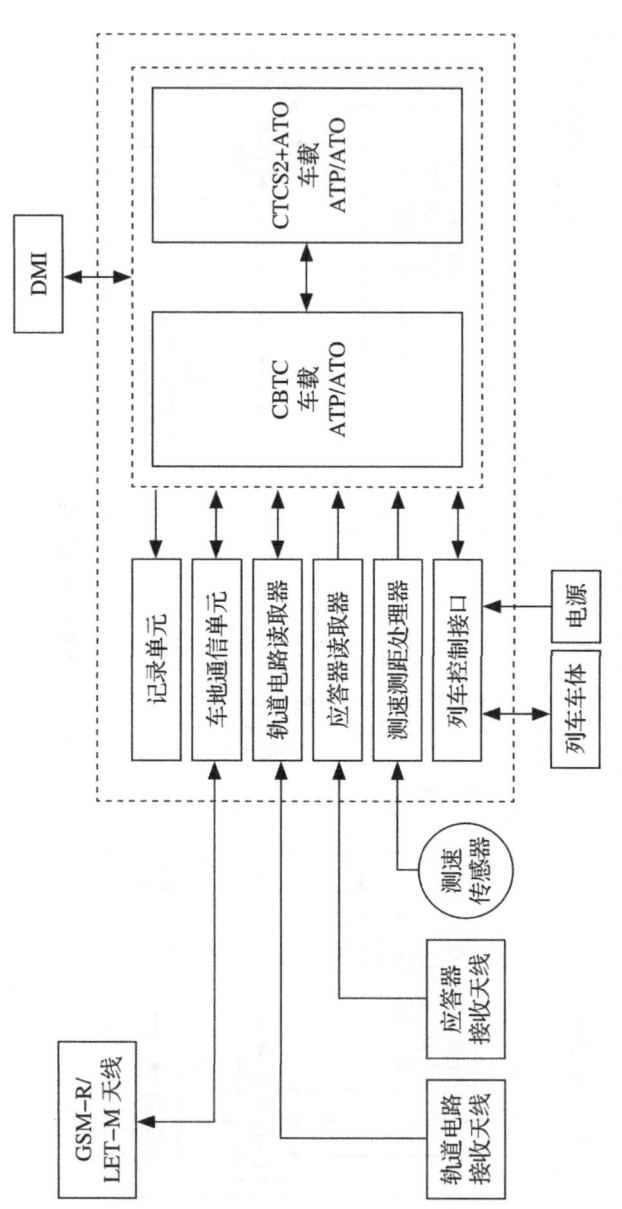

图 A.3 车载兼容系统结构示意图

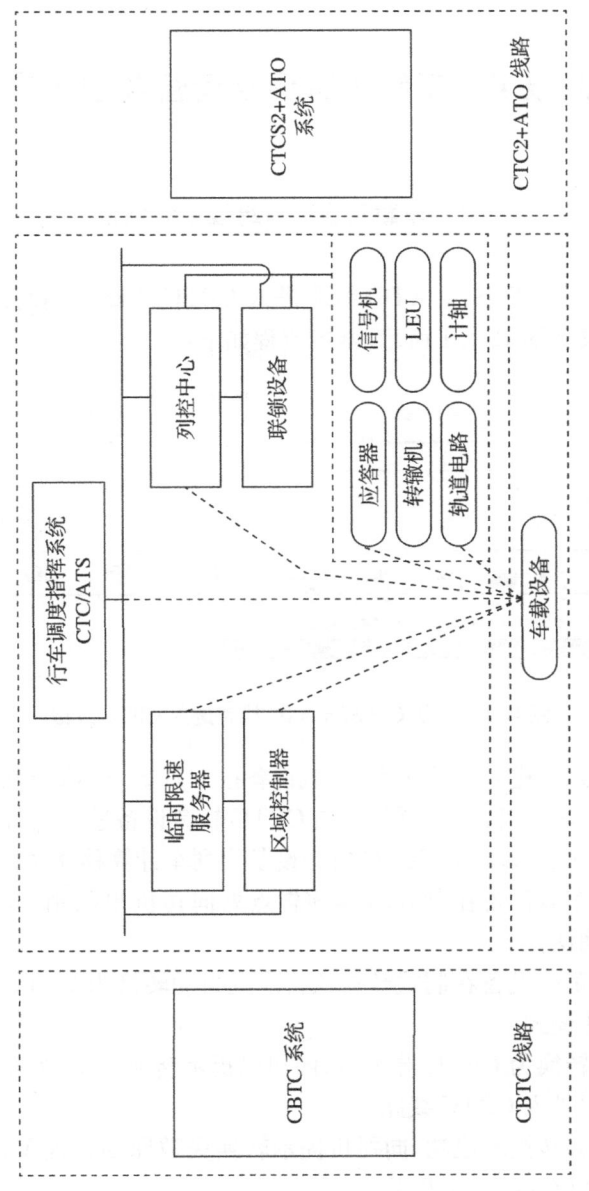

图 A.4 地面兼容系统结构示意图

附录 B 系统兼容混合运营典型场景

B.1 车载兼容列车跨线运营场景

B.1.1 从 CTCS2＋ATO 线路进入 CBTC 线路区间跨线运营，运营场景如图 B.1.1 所示，基本流程如下：

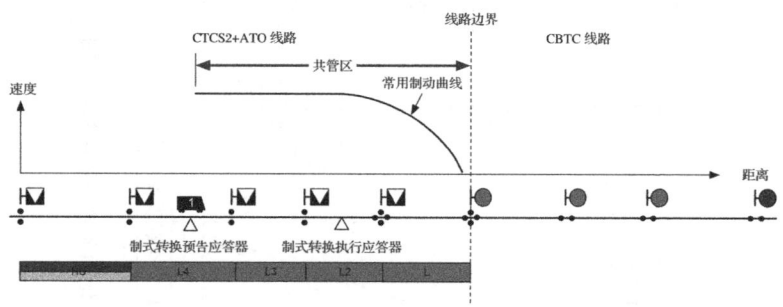

图 B.1.1 从 CTCS2＋ATO 线路进入 CBTC 线路

1 列车进入共管区后，车载设备按 CTCS2＋ATO 轨旁设备提供的行车许可信息运行，并向 CBTC 轨旁设备进行注册。

2 注册成功后，CBTC 轨旁设备为列车计算移动授权。

3 车载设备在制式转换预告点处向司机提示制式转换，司机进行确认。

4 车载设备在制式转换执行点处自动转换为 CBTC 等级及主要功能模式。

5 转换为 CBTC 等级后，向司机提示转换成功，列车不停车从共管区进入 CBTC 线路。

6 如转换不成功，向司机提示转换失败原因并报警，列车按常用制动停在线路边界前。

B.1.2 从 CBTC 线路进入 CTCS2+ATO 线路区间跨线运营，运营场景如图 B.1.2 所示，基本流程如下：

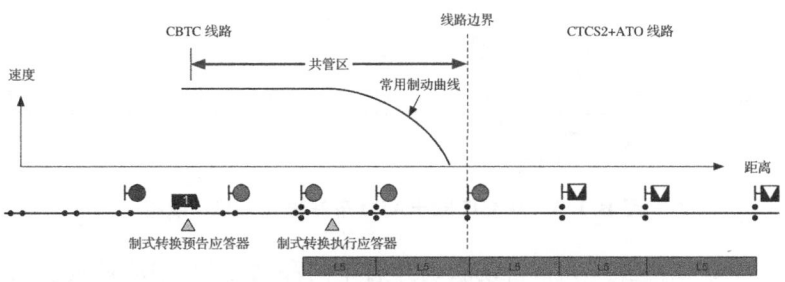

图 B.1.2 从 CBTC 线路进入 CTCS2+ATO 线路

1 列车进入共管区后，车载设备按 CBTC 轨旁设备提供的移动授权运行，并从应答器获取线路数据和临时限速，从轨道电路获取行车许可信息，实时计算 CTCS2+ATO 级列车运行曲线。

2 车载设备在制式转换预告点处向司机提示制式转换，司机进行确认。

3 车载设备在制式转换执行点处自动转换为 CTCS-2 等级及主要功能模式。

4 转换为 CTCS-2 等级后，向司机提示转换成功，列车从共管区不停车进入 CTCS2+ATO 线路。

5 如转换不成功，向司机提示转换失败原因并报警，列车按常用制动停在线路边界信号机外方。

B.1.3 从 CTCS2+ATO 车站进入 CBTC 线路跨线运营，运营场景如图 B.1.3 所示，基本流程如下：

1 列车进入共管区后，车载设备按 CTCS-2 轨道电路提供的行车许可信息运行，并向 CBTC 轨旁设备进行注册。

2 注册成功后，CBTC 轨旁设备为列车计算移动授权。

3 CTCS2+ATO 列车进入共管区接轨车站后，自动对位停车。

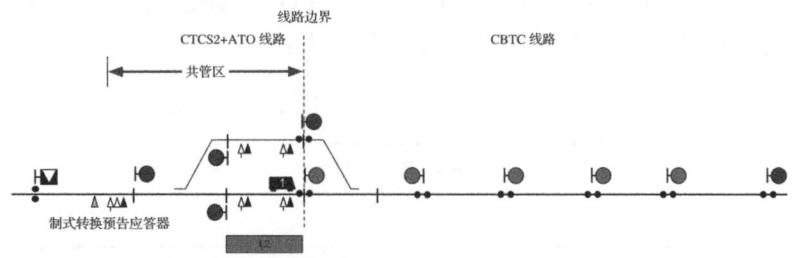

图 B.1.3　从 CTCS2+ATO 车站进入 CBTC 线路

4 对位停车后,自动联动开启车门和站台门,中心调度员可通过行车调度指挥工作站监控列车停站情况以及站台门、车门开启情况。

5 停站时间内,保持车门和站台门开启。

6 停站时间结束后,车载设备自动联动关闭列车车门和站台门。

7 车门关闭后,车载设备向司机提示制式转换,司机进行确认。

8 司机确认后,列车自动转换为 CBTC 等级及主要功能模式。

9 转换为 CBTC 制式后,列车从 CBTC 轨旁设备获取移动授权信息,在发车条件满足后,司机按压发车按钮,列车发车,从共管区接轨车站进入 CBTC 线路。

10 如转换不成功,列车停在站台,司机和调度进行相应的处理。

B.1.4 从 CBTC 车站进入 CTCS2+ATO 线路跨线运营,运营场景如图 B.1.4 所示,基本流程如下:

1 列车进入共管区后,车载设备按 CBTC 区域控制器提供的移动授权运行,并从应答器获取线路数据和临时限速,从轨道电路获取行车许可信息,实时计算 CTCS2+ATO 列车运行曲线。

2 CBTC 列车进入共管区接轨车站后,自动对位停车。

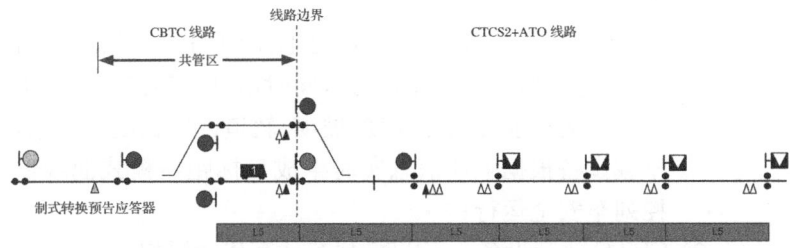

图 B.1.4 从 CBTC 车站进入 CTCS2＋ATO 线路

3 列车对位停车后,车载设备自动联动开启车门和站台门,中心调度员可通过行车调度指挥工作站监控列车停站情况以及站台门、车门开启情况。

4 停站时间内,保持车门和站台门开启。

5 停站时间结束后,车载设备自动联动关闭列车车门和站台门。

6 车门和站台门关闭后,车载设备向司机提示制式转换,司机进行确认。

7 司机确认后,列车自动转换为 CTCS-2 等级及部分监控模式。

8 转换为 CTCS2＋ATO 制式后,发车条件满足后,司机发车,列车从共管区进入 CTCS2＋ATO 线路,待接收到出站信号机应答器组信息后自动转入完全监控模式,监控列车安全运行。

9 如转换不成功,列车停在站台,司机和调度进行相应的处理。

B.2 地面兼容列车混合运营场景

B.2.1 CTCS2＋ATO 列车追踪 CBTC 列车运营场景

1 CBTC 列车区间追踪混合运行,运营场景如图 B.2.1-1 所

示,基本流程如下:

1) CTCS2+ATO 系统通过轨道电路向列车提供前方轨道区段空闲信息(行车许可),同时通过应答器向列车提供列车运行前方线路速度、坡度、轨道区段长度等信息,车载设备根据上述信息实时生成目标距离模式曲线监控列车安全运行;

2) CBTC 轨旁设备为 CBTC 列车计算移动授权。

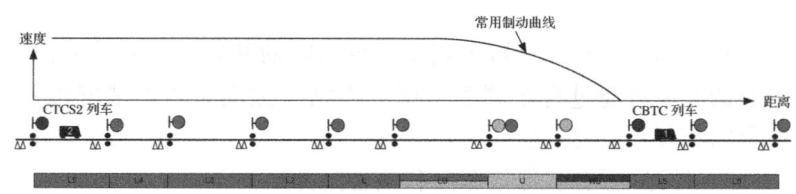

图 B.2.1-1　CTCS2+ATO 列车区间追踪 CBTC 列车

2　车站接、发 CBTC 列车,运营场景如图 B.2.1-2、图 B.2.1-3、所示,基本流程如下:

1) CBTC 列车进站时,CBTC 轨旁设备按接车信号开放情况为 CBTC 列车计算移动授权,防护区段为发车出站信号外方;

2) 列车对位停车后,车载设备自动联动开启车门和站台门,中心调度员可通过行车调度指挥工作站监控列车停站情况以及站台门、车门开启情况;

3) 停站时间内,保持车门和站台门开启;

4) 停站时间结束后,车载设备自动联动关闭列车车门和站台门;

5) 发车时间到且发车条件满足后,司机按压发车按钮,列车发车;

6) CBTC 列车未出清车站正线闭塞区段前,正线接车信号不开放。

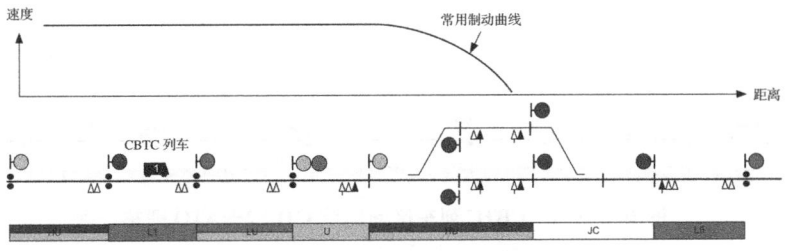

图 B.2.1-2　车站 CBTC 列车接车

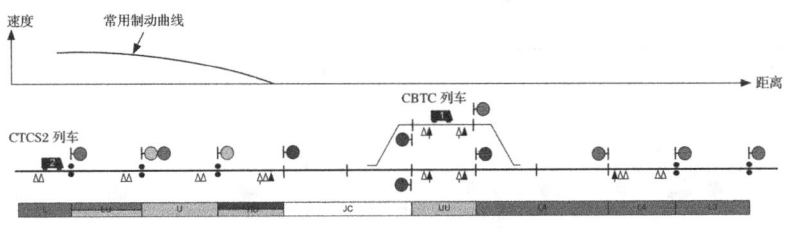

图 B.2.1-3　车站 CBTC 列车发车

B.2.2　CBTC 列车追踪 CTCS2＋ATO 列车运营场景

1　CTCS2＋ATO 列车区间追踪混合运行,运营场景如图 B.2.2-1 所示,基本流程如下:

   1) CBTC 轨旁设备为 CBTC 列车计算移动授权,并按非通信列车追踪 CTCS2＋ATO 列车;
   2) CBTC 列车移动授权终点与前方 CTCS2＋ATO 列车间隔一个空闲区段;
   3) CTCS2＋ATO 系统通过轨道电路向列车提供前方轨道区段空闲信息(行车许可),同时通过应答器向列车提供列车运行前方线路速度、坡度、轨道区段长度等信息,车载设备根据上述信息实时生成目标距离模式曲线监控列车安全运行。

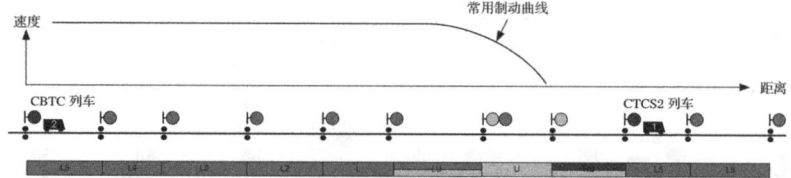

图 B.2.2-1　CBTC 列车区间追踪 CTCS2＋ATO 列车

2 车站接、发 CTCS2＋ATO 列车，运营场景如图 B.2.2-2、图 B.2.2-3 所示，基本流程如下：

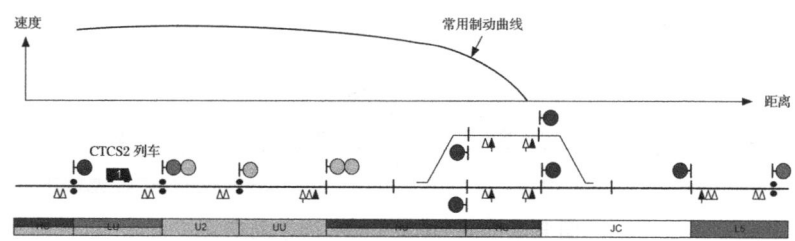

图 B.2.2-2　车站 CTCS2＋ATO 列车接车

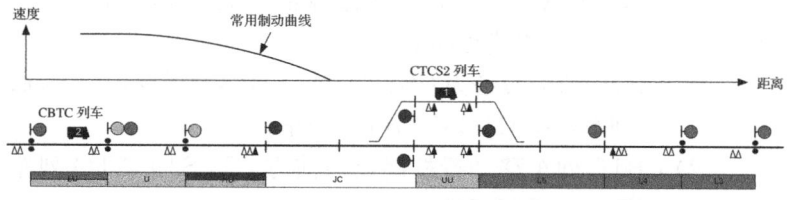

图 B.2.2-3　车站 CTCS2＋ATO 列车发车

1) CTCS2＋ATO 列车进站时，CTCS2＋ATO 轨旁设备按接车信号开放情况计算行车许可，防护区段为发车信号机外方；

2) 列车对位停车后，车载设备自动联动开启车门和站台门，中心调度员可通过行车调度指挥工作站监控列车停站情况以及站台门、车门开启情况；

3）停站时间内,保持车门和站台门开启;
4）停站时间结束后,车载设备自动联动关闭列车车门和站台门;
5）发车时间到且发车条件满足后,司机按压发车按钮,列车发车;
6）CTCS2＋ATO列车未出清车站正线闭塞区段前,正线接车信号不放。

附录 C 故障及应急运营典型场景

C.1 车载兼容故障场景

C.1.1 车载制式切换失败,运营场景的基本流程如下:

1 车载在共管区进行不停车切换时,如果制式切换失败,列车保持原有制式继续运行,按常用制动正常停车。

2 司机可以通过物理按钮或 DMI 上切换按钮再次进行人工切换。

3 如果仍然无法切换,则应联系调度,后续按照调度命令行车。

C.1.2 车载 ATO 设备故障,运营场景的基本流程如下:

1 车载 ATO 设备故障时,车载 DMI 提示司机退出 ATO 模式,司机应及时确认,若未在规定时间内确认,则输出最大常用制动。列车应先自动降成 ATP 运行,同时将车载设备故障信息传输到调度中心行车调度台和动车调度台。

2 司机以 ATP 监督下的人工驾驶模式继续运行至交路终点的站台清空乘客,然后重启后故障恢复,满足条件自动升级为 ATO 模式。

3 若故障无法恢复,以降级模式驾驶列车运行,然后退出运营。

C.1.3 车载 ATP 设备故障,运营场景的基本流程如下:

1 车载 ATP 设备故障时,列车实施紧急制动,同时将车载设备故障信息传输到调度中心行车调度台和动车调度台。

2 司机尝试重启,若重启后故障恢复,使用 ATP 模式继续运行。

3 若故障无法恢复,司机切除车载 ATP,采用降级模式驾驶列车至车站停准后,人工打开车门和站台门,执行清客后,人工驾驶列车退出运营。

C.1.4 车门故障,运营场景的基本流程如下:

1 若车门关闭状态丢失,列车施加紧急制动。

2 列车在站台停稳时,若车门关闭状态仍然没有恢复,由人工用钥匙通过指定客室门进行处置。

3 若在有效区内车门锁闭状态丢失,列车紧急制动并禁止牵引;若在有效区外车门锁闭状态丢失,列车维持运行至下一站;若列车在静止状态下车门锁闭状态丢失,列车禁止牵引。

4 若人工处理仍无效,执行清客,人工驾驶列车退出运营。

C.2 地面兼容故障及应急场景

C.2.1 系统制式转换失败,运营场景的基本流程如下:

1 转换过程中系统应给出转换结果和转换失败的报警和提示。

2 转换失败则保持原有制式继续运行,行车许可授权到系统转换边界的信号机外方。

3 列车按常用制动停车,司机与调度中心联系,根据调度命令行车至下一个车站。

4 异常情况解除后,后续列车的车载设备根据轨道电路码序/移动授权变化,生成新的行车许可,监控列车安全运行。

C.2.2 车地移动通信故障,运营场景的基本流程如下:

1 对于 CBTC 制式列车,当车载设备工作正常,但与地面失去通信时,列车紧急制动停车,并在 DMI 车载设备人机界面上显示通信中断信息。

2 故障恢复后,在车载设备在获得列车的行车许可后,车载设备自动升级成自动驾驶模式。

3 对于 CTCS2+ATO 制式列车,当车地通信中断后,车载 ATO 可按照 ATP 最高授权速度以及应答器中的信息继续控制运行列车。

C.2.3 站台门故障,运营场景的基本流程如下:

1 列车运行进站或出站过程中,若站台门状态丢失,车载设备立即实施紧急制动,站台门状态恢复,处于关闭且锁闭状态时,车载设备缓解紧急制动,继续运行。

2 列车停稳在站台停车范围内,若站台门状态丢失,车载设备立即切除牵引保持制动;站台门状态恢复,处于关闭且锁闭状态时,车载设备检查满足发车条件,继续运行。

3 如果确认门状态丢失且不影响安全,可通过人工操作"互锁解除"开关来切除系统对站台门状态的监督,使列车继续运行。维修人员对站台门进行维修。

4 如果确认站台门本身单体故障,人工锁闭该站台门,停站列车继续投入运营。后续列车车门实施对位隔离,维修人员对站台门进行维修。

C.2.4 站台紧急关闭,运营场景的基本流程如下:

1 站台出现危及行车安全的异常情况(如人员进入车站股道等)时,车站值班员立即按压股道对应的"紧急关闭"按钮。

2 联锁立即关闭对应的进站、出站信号。CBTC列车的车载ATP立即把移动授权回撤至站台边缘。

3 TCC控制对应的接车进路、发车进路发"H"码,其他闭塞区段按追踪码序发码。CTC显示对应的紧急关闭状态。后续CTCS2+ATO列车的车载设备根据轨道电路码序变化,生成新的行车许可,监控列车安全运行。

4 异常情况解除后,紧急关闭状态的解除须通过按压"紧急关闭恢复"按钮实现。此时对应的紧急关闭状态复原,地面设备自动恢复正常运行工作状态。

C.2.5 地面设备故障,运营场景的基本流程如下:

1 地面设备故障后,列车紧急停车。

2 故障设备管辖区间应按照人工调度采用站间闭塞运行。

本规范用词说明

执行本规范条文时,对于要求严格程度的用词说明如下,以便在执行中区别对待。

1 表示很严格,非这样做不可的用词:
正面词采用"必须",反面词采用"严禁"。

2 表示严格,在正常情况下均应这样做的用词:
正面词采用"应",反面词采用"不应"或"不得"。

3 表示允许稍有选择,在条件许可时首先应这样做的用词:
正面词采用"宜",反面词采用"不宜"。

4 表示允许有选择,在一定条件下可以这样做的用词,采用"可"。

上海市交通运输行业协会团体标准

市域铁路信号系统技术规范

T/SHJX 049—2022

条 文 说 明

2023　上海

目　次

4　总体要求 ·· 51
　　4.1　基本要求 ··· 51
5　通用技术要求 ·· 52
　　5.2　RAMS 要求 ·· 52
6　CTCS2＋ATO 专用技术要求 ································· 53
　　6.3　列车运行控制 ·· 53
7　CBTC 专用技术要求 ·· 54
　　7.3　列车运行控制 ·· 54
9　地面兼容技术要求 ··· 55

4 总体要求

4.1 基本要求

4.1.8 目前市域铁路信号系统可选制式主要有 CTCS 制式和 ATC 制式两大类，其中 CTCS 制式包括 CTCS-0、CTCS-2 和 CTCS-3 等列控系统，其中 CTCS-2 和 CTCS-3 还具备 ATO 功能；ATC 制式包括点式 ATC、CBTC 等列控系统。结合市域铁路的功能定位、行车密度、速度等级等特征，应优先考虑选择 CTCS2+ATO 或具有互联互通功能的 CBTC 系统。

5 通用技术要求

5.2 RAMS 要求

5.2.3 系统可用性＝系统平均故障间隔时间/(系统平均故障间隔时间＋系统故障修复时间),信号系统可用性为各子系统(列车运行调度指挥系统设备、列控系统地面设备、车载设备、联锁设备、地面有线网络设备、车地无线通信设备、电源设备)可用性的乘积。

6 CTCS2+ATO 专用技术要求

6.3 列车运行控制

6.3.6

2 考虑目前市域铁路折返站具有 4 编组、8 编组列车共用折返线作业的情况,在折返线有效长同时满足 4 编组、8 编组列车的情况下,为满足 4 编组列车在进入折返线满足折返条件后立即折返,而不用运行至折返线末端,提高 4 编组列车折返效率制定该规定。

6.3.8 《列控系统应答器应用技术条件》Q/CR 769—2020 第 4.1.7 条有相关规定"正向运行时,在分相区反向断电标运行前方 500 m 范围内不宜设置应答器组"。市域铁路站间距短,分相区的设置受多曲线段的制约,应答器设置无法满足 500 m 范围内不宜设置的要求,该应答器的位置应根据列车车长、线路允许速度等因素综合确定。

7 CBTC专用技术要求

7.3 列车运行控制

7.3.1

3 在市域 CBTC 线路内跨线运行时,如车载控制器具备根据运行计划动态下载及校核即将进入线路的电子地图的功能,车载控制器在下载并转换电子地图时,应不停车、不降速,不影响列车跨线运行。

5 考虑目前市域铁路有长大区间,为了实现长大区间内故障列车的快速救援,对于使用连续移动授权的列车,信号系统可提供在不降级、不降速的情况下快速联挂被救援车的功能。

9 地面兼容技术要求

9.0.5 对于调度指挥系统 CTC 和 ATS 单独分别设置的情况，如当前是 CTCS 制式，则应归属 CTC 系统管辖，如当前是 CBTC 制式，则应归属 ATS 系统管辖。

9.0.6 对于同时新建的市域线网来说，可能有些线路按照 CBTC 建设，有些线路按照 CTCS2＋ATO 建设，但调度中心是按照一个中心建设，列车运行调度指挥系统也可以采用一套软硬件融合的系统，满足同时调度管理 CBTC 和 CTCS2＋ATO 两种线路和列车的需求。

9.0.7 市域线路与既有其他制式的线路交接实现跨线运营时，考虑接轨站轨旁信号机一般是设置一套，联锁设备设置一套，同时为了确保列车跨线过程中进路办理和列车交接权的顺利过渡，一般推荐在接轨站布置一套车站调度分机，由该套统一的调度系统为不同列车办理进路，可以规避不同调度系统之间的信息交互给进路办理带来不便。